AF410921

MÉMOIRE

SUR

LES SÇAVANS

DE LA FAMILLE

DE TERRASSON.

PAR M. L'ABBÉ DE C*****

A TRÉVOUX.

____

M. DCC. LXI.

AVERTISSEMENT DE L'IMPRIMEUR.

LE goût décidé de M. Jamet le jeune, dans la littérature & les beaux arts, & son zèle pour contribuer à leur gloire, sont célébrés depuis long-tems par la reconnaissance que lui en ont témoigné publiquement des écrivains distingués en plusieurs genres de sciences.

Par une suite naturelle de ce caractère obligeant, M. Jamet a sçu engager aussi M. l'abbé de Cursay à trouver bon que la lettre & le mémoire sur les sçavans du nom de Terrasson, soient imprimés, en y suivant encore l'ortographe admise par M. de Voltaire, le modèle de tous les goûts, selon l'expression de l'illustre Pierre Coste.

En effet, les raisons pour la publi-
cation de cette notice précieuse, sont
sans replique de la part de l'auteur ;
elle est en même tems un service ajouté
à beaucoup d'autres que M. Jamet le
jeune a rendus à la république des
lettres. Après avoir aidé nombre d'au-
teurs de ses découvertes littéraires, &
de ses judicieux avis, pourquoi per-
siste-t-il à différer de se produire lui-
même en entier ? Pourquoi n'imiterait-
il pas l'exemple de cinq auteurs de son
nom & de sa famille, connus depuis le
régne de François I. parmi lesquels on
compte M. son frère ?

M. l'abbé de Cursay a pleinement con-
senti que sa lettre & le mémoire sur les
sçavans de la famille de Terrasson, fussent
insérés dans le *Conservateur*. D'après cela
on présume ne rien faire contre son gré
par cette édition d'un petit nombre d'e-
xemplaires.

LETTRE

DE M. L'ABBÉ DE CURSAY,

A M. JAMET, le jeune.

Paris, 23 Octobre 1760.

Vous me demandez, monsieur, que j'aie la complaisance de vous répéter par écrit ce que vous m'avez entendu dire sur MM. Terrasson. Vous obliger n'est point une complaisance pour moi, & ce n'en fut jamais une de parler de ses amis.

J'avoue être le seul en état de satisfaire complettement votre curiosité sur cette célèbre & respectable famille. Je suis né dans l'année & le même mois que M. Terrasson,

A ij

avocat ; nous nous connaiſſons dès le berceau, comme on connaît à cet âge ; nous avons étudié enſemble, étant penſionnaires aux jéſuites ſous les célèbres PP. Porée & de la Sante; & ſuivi le même cours aux écoles de droit ; j'ai prêté avec lui le ſerment d'avocat ; & depuis nous ne nous ſommes, ce ſemble, ſéparés de demeure, que pour nous revoir toujours avec un doux reſſentiment de ce premier plaiſir qui avait intéreſſé notre enfance.

M. Terraſſon le père m'avait vû naître ; il était ami de mon père, & ils demeuraient dans la même maiſon. J'oſe dire, monſieur, que cette amitié réciproque les honorait l'un & l'autre. Cet homme aimable me voiant orphelin, & fort jeune, voulut bien m'admettre dans fa familiarité, & me recevoir en penfion chez lui.

J'ai toujours vécu dans l'intimité avec le fameux père Terraffon. Il m'avait honoré quelquefois du dépôt de fes manufcrits. Je me fervirai, monfieur, des expreffions de l'écriture, que vous trouvez fi énergiques, pour vous repréfenter quelle était notre amitié réciproque. Il *m'aimait en Dieu d'un amour de jaloufie*, (1) & *l'amour* filial que j'avais pour lui *était aufli fort que la mort* (2). Dans cette application, je dirais qu'il était même plus fort, puifque la mort n'a pû ni l'éteindre, ni l'affaiblir. Affidu

---

(1) *Æmulor enim vos Dei æmulatione.* 2. Cor. 11. 2.

(2) *Quia fortis eft ut mors dilectio.* Cant. 8. 6.

témoin de fes infirmités & de fes
vertus, pendant les dernières années
de fa vie, je contemplais à loifir la
beauté de fon ame; elle me donnait
plus d'admiration que je n'en avais
eu anciennement pour fes talens
fublimes. Un ami fi éclairé & fi
refpectable avait tous les droits fur
ma confiance; & je ne l'ai jamais
laiffé feul que dans les démarches
où fon zèle, qui enfin l'a conduit aux
extrèmes, ne s'accordait pas avec
ma modération.

J'ai connu affez particulièrement,
& depuis bien long-tems, M. l'abbé
Terraffon l'académicien, & un autre de fes frères, prêtre de l'Oratoire, dont je ne vous ferai pas de
mention parmi les écrivains de cette famille, quoiqu'il ait montré, en
plufieurs occafions, qu'il eût été
digne d'y avoir place.

J'ai eu aussi quelques liaisons avec M. Terrasson, théologal & custode de Sainte-Croix de Lyon, qui mourut à l'âge de trente ans, lorsqu'il avait commencé à paraître avec approbation dans les chaires de Paris. Il avait succédé dans ses places à M. Pierre Terrasson son oncle, syndic du clergé du diocèse de Lyon, & grand-vicaire sous trois archevêques. La mémoire de cet oncle est encore en vénération dans ce diocèse.

Je connais aujourd'hui deux mousquetaires de ce nom, & de cette famille.

Tout cet énoncé, & ce que je vous y ajoûterais de plusieurs autres, vous justifie, monsieur, que personne n'est capable, autant que je le suis, de vous instruire sur la famille de MM. Terraſſon. Mais n'exigez pas que je vous faſſe tout le détail que vous pourriez deſirer. Ma faible ſanté m'a interdit, depuis bien des années, les longues occupations du cabinet ; & de plus, j'aime beaucoup mieux vous parler que de vous écrire. Ainſi, je me ſuis borné, dans le mémoire que je vous envoie, à vous faire un récit hiſtorique, ſuffiſant pour intéreſſer votre littérature. Je me réſerve de ſatisfaire votre cœur & le mien en vous entretenant de vive voix de ce que j'ai connu des qualités civiles de MM. Terraſſon. Leurs mœurs, leur ſçavoir varié, le genre de leur eſprit étaient infiniment aimables, & dignes de tout reſpect. C'eſt, d'avance, vous faire un *tableau de famille* bien en miniature, mais très-reſſemblant.

Je vous peindrai ces hommes plus en grand. Que de particularités honorables ne vous ai-je pas déja racontées de M. Terraſſon l'avocat! qui joint à une probité rare, & à une réputation dans ſon état bien méritée, une candeur, une modeſtie, (1) des connaiſſances dans les arts, un goût pour les talens diſtingués ; toutes raiſons qui me font chérir la douceur & l'agrément de ſon commerce! En amitié, je vous le répète,

—————————————————

(1) La philoſophie modeſte de M. Terraſſon l'a retenu dans la profeſſion d'avocat, quoique ſa fortune eût pû l'élever à la magiſtrature. Les ſiècles précédens, & même le nôtre, fourniſſent pluſieurs exemples, que l'on citera toujours avec éloge, de gens de condition qui ont honoré par la naiſſance une profeſſion dont leurs talens recevaient un ſi grand éclat.

monfieur, nous datons de tous les tems. Il m'en donna une marque publique, il y a un an, en me choi-fiffant pour témoin néceffaire dans la célébration de fon mariage avec madame la comteffe de Giffey. J'aurai à vous parler du mérite per-fonnel de cette dame, que j'avais l'honneur de connaître bien aupa-ravant, & des qualités refpectables que poffédait feue madame Terraf-fon la mère.

Tout cela, monfieur, fera le fujet de nos converfations. Ne me laiffez pas oublier non plus de vous faire remarquer nombre de fautes effen-tielles contre l'exactitude dans ce qu'ont dit de MM. Terraffon plu-fieurs dictionnaires, & quelques pièces périodiques ou fugitives, tels que le fupplément de l'ancienne édition de Moreri ; la nouvelle édition de Moreri en dix vol. *in-folio,* le dictionnaire historique de M. l'abbé Ladvocat, où il y a des fautes considérables sur cette famille ; les vies des jurisconsultes, par *Taisand,* augmentées par *Ferrières* ; & sur-tout le dictionnaire *historique & critique,* sous le titre d'Avignon 1758. Il ne vous sera pas difficile, monsieur, de découvrir le principe de ces erreurs dans les passions qui ont prévenu quelques-uns de ces auteurs.

J'aurais pû m'étendre dans mon mémoire plus qu'ils n'ont fait tous enfemble. Je me fuis contenté d'y expofer avec choix & avec précifion ce que je crois être le plus digne de vos recherches ; & il vous fervira d'une critique affurée contre tout ce

que vous verrez ailleurs qui n'y reſ-
ſemblera pas.

Je reviens, monſieur, d'où je ſuis
parti. Si ce n'eſt point *complaiſance*
de ma part d'avoir déféré à votre
deſir, c'eſt que je partage avec vous
le plaiſir que je vous procure. Je
vous mettrai vous-même dans cette
poſition à mon égard ; en vous
priant de m'entretenir plus en détail ſur pluſieurs anecdotes concernant les traités ſinguliers de monſieur votre frère, tel que celui daté
de la-*Baſtille* ; celui ſuppoſé traduit
de l'anglais d'*Atjem*, par la célèbre
marquiſe du Châtelet ; cette jolie
Sylve, de douze à treize cent vers
d'une ſeule rime, ouvrage bouffon,
mais ſçavant, dont le *Conſervateur*
ne nous a donné que quelques frag-
mens, & qui, au jugement de M. de

Fontenelle, prouve une érudition immenfe, en offrant la plus grande profufion de littérature ; & autres ouvrages où l'on a vû monfieur votre frère fe partager entre les mufes badines, & celles qui s'attachent aux fciences les plus fublimes & les plus abftraites.

Je vous prierai enfuite, monfieur, de continuer à me faire part de vos propres recherches, notes critiques & remarques littéraires.

A ces conditions, je foufcris pour toujours la promeffe authentique que vous fit, il y a vingt-deux ans, le fçavant & aimable M. Lancelot, *de ne vous rien refufer* ; toutefois avec mes réferves pour la matière trop fcabreufe que vous traitiez alors enfemble, & fur laquelle mon goût ſerait de me taire : *Nec nominetur in vobis.* Epheſ. 5. 3. (1)

J'aurai de grandes raiſons de plus, monſieur, pour me féliciter d'avoir éprouvé pendant toute ma vie les bontés d'une famille auſſi vertueuſe que ſpirituelle, ſi ce préjugé favorable pour moi vous fait imiter ſa conſtance dans les ſentimens dont vous m'honorez.

De Cursay.

---

(1) Il s'agiſſait de conſtater le véritable auteur de l'infâme ouvrage de l'*Aloïſia*, que M. Lancelot a prouvé être *Nicolas Chorier*, comme l'a rapporté, dans le tems, l'abbé Desfontaines.

MÉMOIRE

SUR LES SÇAVANS

DE LA FAMILLE

DE TERRASSON.

TERRASSON, famille noble &
ancienne dans la ville de Lyon. Avant de
parler de plusieurs hommes illustres qui
en sont sortis, il est à propos de dire
quelque chose de ce que différens auteurs
imprimés nous apprennent sur cette famille en général. Il paraît d'abord que le
véritable nom de cette famille est DE
TERRASSON, (1) ainsi qu'on le voit dans

(1) Les Mémoires de l'abbé de Marolles, troisième partie, page 304, Paris, 1656, font men-

un passage d'un livre intitulé : *Vraie &*
entière histoire des troubles & guerres civiles
de notre tems, composé par Jean Lefrère-
de Laval, & imprimé à Paris en l'année
1573. Cet auteur en parlant d'un Pierre
de Terrasson, qui vivait à Lyon en 1560,
& qui est le premier qu'on connaisse de
cette famille, dit que ce fut dans la maison de ce Pierre de Terrasson qu'on forma
le plan de la conjuration d'Amboise : *la*
conjure, (dit-il au commencement de
son cinquième livre) *fut premièrement*
brassée à Lyon en mil cinq cent soixante,
au mois de janvier, par neuf ou dix per-
sonnes en la maison de Pierre de Terrasson.
ladite assemblée faite sous couleur de traiter
d'un mariage : ce même trait est aussi

---

tion d'Hercule DE TERRAÇON, seigneur de la Mar-
tinière, en la Paroisse de SASSAI, dans le Blesois,
dont la veuve Jeanne de CHERRUE épousa en se-
condes nôces, le 30 Janvier 1557. Bertrand DE
MAROLLES-TOUVANT, écuier, seigneur de la
Boutelerie, &c. d'une branche cadette de la maison
de Marolles.

rapporté

rapporté par le père Daniel, tome VI, page 305 de ſon *hiſtoire de France*, édition de 1729, auſſi bien que par M. l'abbé Lambert, dans ſon *hiſtoire littéraire du règne de Louis XIV*, tome I, livre III, page 439 & ſuivantes, & par pluſieurs autres auteurs qui diſent tous que ce Pierre de Terraſſon eſt le premier qu'on connaiſſe de la famille du même nom, qui s'eſt rendue célèbre en pluſieurs genres de littérature.

Dans un *catalogue*, imprimé à Lyon en 1674, *des recteurs & adminiſtrateurs de l'aumône générale & charité de Lyon*, depuis l'année 1533, on trouve à la page 25 un Balthazard Terraſſon, parmi les recteurs & adminiſtrateurs de cet hôpital pour l'année 1573 : ce Balthazard Terraſſon pouvait être fils de Pierre de Terraſſon qui vivait à Lyon en 1560. Enfin, l'on trouve une *deſcription de la nature, propriétés & uſages de la fontaine minérale, découverte au terroir de la ville de Die, compoſée par un Paul Terraſſon*, & im-

B

primée à Grenoble, chez *Dumon*, en 1672, *in-8°*. Le père le Long parle d'un autre ouvrage sur cette matière, par le même Paul Terrasson, imprimé à Die en 1673, en sa bibliothèque, N° 852, p. 25. Il y a apparence que cette famille tenait un rang assez considérable dans la ville de Lyon, puisqu'on la voit alliée depuis long-tems avec les meilleures familles de cette ville, & des provinces du Lyonnois & du Forez. L'une de ces alliances est avec la famille Laurencin, qui (suivant Paradin à la fin de son *histoire de Lyon*) vient d'une famille des anciens Romains, nommée *Laurentina*, dont on lit encore une inscription antique dans la ville de Lyon : ce qu'il y a de certain, est que la famille Laurencin est citée dans l'histoire de la même ville, comme noble dès l'année 1470. Nous lisons dans les *œuvres d'Henris*, tome II, livre 3, question 72, suivant la dernière édition, que M. Duguet, avocat du roi à Montbrison, frère du célèbre abbé Duguet, connu par un grand

nombre d'ouvrages de piété, était gendre
d'une Jeanne Terraſſon : l'on prétend que
MM. Terraſſon tenaient auſſi à MM. Duguet, par Marguerite Colombet, mère de
ces derniers. Enfin, Matthieu Terraſſon,
écuier, avocat au parlement, dont nous
donnerons ci-après l'article, était fils de
Jean Terraſſon, auſſi écuier, avocat au
parlement, & d'Anne de Bernico, dont
la famille eſt miſe au rang des familles
nobles de la ville de Lyon, dès l'année
1606 ; laquelle famille de Bernico por-
tait pour armes : d'azur, au chevron
d'or, accompagné de deux roſes d'argent
en chef, & d'une tête de lion arrachée,
d'or, en pointe.

Mais rien ne diſtingue autant cette famille, qu'une ſingularité qui lui eſt propre, & qui eſt preſque unique dans ſon
genre ; c'eſt d'avoir produit ſept gens de
lettres : *MM. Terraſſon,* (dit M. l'abbé
Lambert dans l'endroit ci-deſſus cité de
ſon hiſtoire littéraire du règne de Louis
XIV,) *fourniſſent le premier exemple qu'il*

y ait eu jusqu'à présent de sept gens de lettres dans une même famille (1). *Matthieu, Antoine, André, Jean, & Gaspard Terrasson, sont cinq auteurs du même nom, & tous père, fils, frères, & cousins les uns des autres. Ils ont aussi eu pour cousin M. l'abbé Duguet, connu par un grand nombre d'ouvrages de piété, & le sieur Gayot de Pitaval, auteur de l'ouvrage qui a pour titre : les causes célèbres.* Chacun des cinq auteurs du nom de Terrasson, mérite que nous donnions un article à son sujet.

Nous commencerons par André, Jean & Gaspard Terrasson, tous trois frères : ils étaient fils de Pierre Terrasson, conseiller en la sénéchaussée & présidial de

-----

(1) L'abbé Lambert s'est trompé ; la famille de *Sainte-Marthe* est dans le même cas, elle a même produit un plus grand nombre de gens de lettres ; le cinquième tome de la bibliothèque historique & critique du Poitou, en est la preuve. Voiez aussi *le siècle de Louis XIV*, article des écrivains.

Lyon, & de Louise Terrasson qui était de la même famille que son mari.

ANDRÉ TERRASSON qui était l'aîné de ses frères, naquit à Lyon en l'année 1669. Il fut envoyé à la maison de l'institution de l'oratoire de Paris, aussitôt qu'il eut fini ses études sous la conduite d'un précepteur domestique. André Terrasson s'étant fortifié à l'oratoire dans l'étude de l'écriture sainte, & aiant fait paraître des talens pour la chaire, se livra, étant encore fort jeune, à la prédication : &, quoique le père Massillon, & autres, tinssent alors le premier rang dans ce genre d'éloquence, André Terrasson, tant par la solidité de sa composition, que par une belle représentation, & une déclamation gracieuse, s'attira toujours autant d'auditeurs qu'eux. Après avoir rempli avec beaucoup de succès plusieurs stations dans les principales églises de Paris, & entre autres dans l'église métropolitaine de cette ville ; il prêcha un carême devant le roi

pendant sa minorité, & enfuite un autre
à la cour de Lorraine, toujours avec les
mêmes applaudiſſemens, & un grand con-
cours d'auditeurs. M. le duc d'Orléans,
qui était alors régent du roiaume, conçut
une ſi grande eſtime pour le P. Terraſſon,
qu'il ſe propoſa de le faire nommer au
premier évêché qui viendrait à vacquer.
Mais dans cet intervalle le P. Terraſſon
aiant un peu trop forcé ſa poitrine pendant un ſecond carême qu'il fut engagé
de prêcher dans l'égliſe métropolitaine de
Paris ; il fut attaqué d'abord après la fin
de ſa ſtation, d'un crachement de ſang
dont il mourut dans la maiſon de l'oratoire de la rue ſaint Honoré à Paris, le 25
avril 1723, âgé d'environ cinquante-qua-
tre ans. On a de lui quatre volumes *in-12*
de ſermons imprimés en 1726, & réim-
primés en 1736. Parmi ſes ſermons, ceux
ſur l'*impénitence finale*, & ſur *la croix*, ont
été, entr'autres, ſingulièrement applaudis.

JEAN TERRASSON ſon cadet, né à Lyon

en 1670, fut pareillement envoié par leur père à l'institution de l'oratoire : mais comme le génie philosophique avec lequel il était né, ne lui permettait pas de s'assujettir aux heures marquées pour les exercices de piété, & aux pratiques dont les communautés sont remplies, il quitta l'oratoire aussitôt après la mort de son père, n'étant encore que sous-diacre, & se tourna du côté des académies ; M. l'abbé Bignon qui se déclara son protecteur, le fit entrer dans celle des sciences en l'année 1707. Il succéda en 1721 à Michel Morus dans la chaire de philosophie grecque & latine au collège roial. Il obtint en l'année 1732, la place que M. le comte de Morville venait, par son décès, de rendre vacante à l'académie française, & il fut reçu dans cette académie le 29 mai de la même année. En 1748 le roi de Prusse lui envoia des lettres d'associé honoraire à l'académie de Berlin. Enfin, l'abbé Terrasson mourut à Paris le 15 septembre 1750, âgé de quatre-vingt ans. Il a été un des hommes des plus finguliers qu'il y ait jamais eu. Rempli des idées philofophiques qui formèrent fon caractère, il ne connut l'homme que tel qu'il devait être, & non pas tel qu'il eft : avec beaucoup d'efprit & d'érudition, jamais perfonne ne fut plus fimple que lui, croiant prefque tout ce qu'on lui difait, & difant lui-même des ingénuités ; mais dans un goût différent de celui où un efprit médiocre les aurait dites. Et c'eft à fon fujet que madame de Laffay dît un jour *qu'il n'y avait qu'un homme de beaucoup d'efprit qui pût être d'une pareille imbécillité* (1). S'il a laiffé la réputation d'avoir été le feul philofophe pratique de fon fiècle, c'eft parce qu'étant né philofophe, il avait continué de l'être de bonne-foi, pratiquant les maximes dont il était per-

---

(1) Voiez les obfervations pour fervir à l'hiftoire des gens de lettres de ce fiècle, par M. Moncrif, p. 9. 1751. & Socrate, tragédie, acte 2, fcène 5, p. 59, 1759. Au refte, ce bon mot avait auffi été dit du célèbre Lafontaine.

ſuadé, & agiſſant indépendamment des opinions des autres hommes. Nous avons de lui pluſieurs ouvrages : le premier qu'il donna en 1715 en deux volumes *in-douze* a pour titre : *Diſſertation critique ſur l'I-liade d'Homère, où, à l'occaſion de ce poëme, on cherche les règles d'une poëtique fondée ſur la raiſon, & ſur les exemples des anciens & des modernes :* cet ouvrage fit beaucoup de bruit, ſoit par la ſupériorité avec laquelle la matière eſt traitée, ſoit parce que la queſtion ſur la préférence qu'on doit donner aux anciens ſur les modernes, ou aux modernes ſur les anciens, formait alors une fameuſe diſpute ſur laquelle tous les ſçavans & les beaux eſprits de l'Europe étaient partagés. L'ouvrage qui ſuivit la diſſertation ſur Homère, fut des *Lettres ſur le ſyſtéme* de Law. M. l'abbé Terraſſon avait trouvé ce ſyſtème bien imaginé, & beaucoup de gens en penſèrent de même : mais on en étendit l'exécution ſi fort au-delà du projet, que ce ſyſtème devint par la ſuite très-préjudiciable à l'état. M. l'abbé Terrasson donna en 1731, en trois volumes *in-12*, le roman intitulé : *Sethos, histoire ou vie tirée des monumens de l'ancienne Égypte* : ce roman, quoiqu'inférieur à celui de Télémaque du côté de l'agrément, lui est supérieur du côté de l'érudition, de la philosophie, & sur-tout de la morale : il y a entr'autres dans cet ouvrage, une pièce qui est reconnue pour être un chef-d'œuvre ; c'est un portrait, en forme d'oraison funèbre, d'une reine d'Égypte ; portrait (dit M. Dalembert) que Tacite eût admiré, & dont Platon eût conseillé la lecture à tous les rois. M. l'abbé Terrasson publia en 1737 un troisième ouvrage, qui est la traduction de *Diodore de Sicile*, en sept vol. *in-12* : cette traduction est très-estimée, & on la regarde comme une des meilleures que nous aions en notre langue. Enfin, l'on a donné de lui, après sa mort, un ouvrage en deux petits volumes *in-12*, intitulé : *La philosophie applicable à tous les objets de l'esprit & de la raison* ; ouvrage en ré-

flexions détachées, & qui répond très-
bien à ſon titre : on a dit de ce recueil,
que l'homme qui aurait le moins de diſ-
poſition à la philoſophie, deviendrait
philoſophe en le liſant.

GASPARD TERRASSON, frère cadet
d'André & de Jean, était né à Lyon en
1680. Aiant été envoié, comme ſes autres frères, à l'âge de dix-huit ans dans
la maiſon de l'inſtitution de l'oratoire de
Paris, il s'appliqua d'abord à l'étude de
l'écriture-ſainte & des pères de l'égliſe.
Il régenta enſuite dans différentes mai-
ſons de la congrégation, & principale-
ment à Troyes, où il prononça en l'année
1711 l'oraiſon funèbre de monſeigneur
le dauphin, aieul du roi. Malgré le
ſuccès éclatant de ce coup d'eſſai, il ne
continua pas l'exercice de la prédication :
& tant que ſon frère André vécut, il ſe
contenta de faire des conférences dans les
ſéminaires. Mais après la mort de ce
frère, aiant été engagé à le remplacer dans

plufieurs ftations , il le fit avec les plus grands app'audiffemens pendant l'efpace de cinq années qu'il prêcha à Paris ; & pendant le carême qu'il prêcha dans la cathédrale de cette ville, fes fermons, & la manière dont il les débitait, opérèrent un très-grand nombre de converfions. Malheureufement le P. Gafpard Terraffon fe trouva embarqué dans les affaires de religion, concernant la bulle *unigenitus*; ce qui l'obligea de quitter l'oratoire, & d'accepter la cure de Treigny dans le diocèfe d'Auxerre, dont feu M. de Caylus était alors évêque. De-là il fut conduit, le 27 octobre 1735, au château de Vincennes, d'où, après y avoir paffé cinq ans accomplis, on le transféra aux petits-pères d'Argenteuil, chez lefquels les affaires qui le concernaient s'étant accommodées, il recouvra entiérement fa liberté. On voulut enfuite l'engager à reprendre la prédication ; &, pour s'y difpofer, il alla habiter pendant quelques tems avec les prêtres du Mont-Valérien : mais y aiant eſſuié deux attaques de paralyſie, il revint dans ſa famille, & mourut chez M. Terraſſon, avocat, le 2 janvier 1752, âgé de ſoixante-onze ans ; il fut inhumé le lendemain dans l'égliſe paroiſſiale de ſaint André des arts, ſous la chaire. Il a laiſſé une prodigieuſe quantité d'ouvrages qui n'étant pas finis ni parfaits, ſont reſtés manuſcrits. On a ſeulement imprimé de lui en 1749 quatre volumes de ſermons, dont quelques-uns, tels que celui **du** *mauvais riche*, ſoutiennent la comparaiſon vis-à-vis de ceux de Bourdaloue & de Maſſillon : ceux ſur *l'excellence de l'é-vangile*, ſur *la vanité*, ſur *la paſſion de N. S.* & ſur *S. Jean-Batiſte*, montrent l'élévation de ſon génie , & combien il aurait été ſupérieur à ſon frère André (ainſi qu'à beaucoup d'autres) ſi les dif-férentes circonſtances de ſa vie ne l'a-vaient pas empêché de perfectionner plu-ſieurs de ſes pièces.

Voilà déja trois auteurs du nom de Terraſſon. Il nous reſte à parler de deux de leurs coufins qui, quoique dans des genres différens, ne laiffent pas que d'avoir contribué à rendre ce nom célèbre dans la littérature.

L'un eft MATTHIEU TERRASSON, écuier, avocat au parlement, & cenfeur royal. Il était né à Lyon, le 13 août 1669, de Pierre Terraffon, auffi écuier, avocat, & d'Anne de Bernico, ainfi que nous l'avons déja obfervé. Aiant fait à Lyon fes études chez les jéfuites, ces pères le jugèrent digne d'entrer dans leur fociété, & l'on prétend qu'il fut infcrit fur leur regiftre à cet effet. Mais fon père qui voiait en lui des talens capables de le faire réuffir dans fa même profeffion, le fit recevoir avocat à Paris au mois de mai 1691, & comme il ne tarda pas de fe diftinguer au barreau par plufieurs plaidoiers très-éloquens, M. Portail, alors avocat général, & depuis premier préfident, le maria avec Catherine Tuffier, fille de Bertrand Tuffier, l'un des célèbres

avocats de ce tems-là, dont nous avons
vu le fils (nommé Antoine - Bertrand
Tuffier) doien des ſubſtituts de M. le
procureur général du parlement, & procureur général de l'œconomat. A peine
Matthieu Terraſſon fut-il marié, qu'il fut
compris dans les recherches qui furent
faites des armoiries & de la nobleſſe, en
vertu de différens édits : mais par ordon-
nance rendue le 19 du mois de décembre
1698, par les commiſſaires généraux du
conseil, députés ſur le fait des armoiries,
les ſiennes furent vérifiées, reçues, enre-
giſtrées dans l'armorial général de France;
& il lui en fut délivré un brevet, en tête
duquel ſes armes furent peintes, telles
qu'elles ſont gravées dans une des hiſtoires
de Lyon, & telles que ſa famille les por-
tait de tems immémorial : à l'égard de
la nobleſſe, il y fut maintenu par jugement des commiſſaires généraux du con-
ſeil, du 12 août 1706.

Matthieu Terraſſon aiant été obligé
d'abandonner, étant encore fort jeune,

la plaidoirie, que la délicateffe de fa fanté
ne lui permit pas de fupporter long-tems,
s'adonna au cabinet, & devint le confeil
& le défenfeur de tout ce qu'il y a de
grands dans le roiaume : le beau naturel,
& en même tems l'élégance de fon ftyle,
lui attirèrent l'épithète de *plume dorée*,
épithète qu'il a confervée même depuis
fa mort. Il fut affocié pendant cinq ans
au travail du journal des fçavans, &
fut, pendant quelques années, cenfeur
roial. Il mourut à Paris le 30 fep-
tembre 1734, âgé de foixante-fix ans.
Nous avons de lui un recueil de *difcours*,
de *plaidoiers* & de *mémoires*, que M.
Terraffon fon fils a fait imprimer en un
volume *in-*4° en l'année 1737, en pro-
mettant la fuite, qu'il eft bien en état de
donner, aiant, outre ce volume, trois
autres volumes *in-folio* des mémoires de
fon père. Parmi les difcours qui ont été
donnés au public dans le volume *in-*4°
qui a pour titre : *œuvres de Me Matthieu
Terraffon, écuier, ancien avocat au parle-*

ment, on

admire entr'autres le difcours qu'il prononça en la cour des aides, en l'année 1717, pour la préfentation des lettres de M. le chancelier Dagueffeau, difcours fupérieur non-feulement à tous ceux qui avaient été faits auparavant dans des occafions femblables, mais encore à ceux qui furent prononcés en même tems. Nous avons encore de Matthieu Terraffon de *nouvelles obfervations fur Henris,* imprimées dans la nouvelle édition qui a été donnée des *œuvres de ce jurifconfulte,* en quatre volumes *in-folio* en l'année 1738.

Le cinquième & dernier auteur du nom de Terraffon, dont il nous refte à parler, eft Antoine Terrasson, écuier, avocat au parlement. Il nâquit à Paris le premier novembre 1705, de Matthieu Terraffon & de Catherine Tuffier fes père & mère. Après avoir fait fes études au collège des jéfuites de la même ville, & fon droit dans les écoles ordinaires ; il fut reçu

C

avocat le 13 mars 1727. Peu de tems
après, il plaida fa première caufe contre
M. Cochin, qui tenait alors le premier
rang au barreau, & il continua de plaider
avec fuccès pendant plufieurs années.
Mais fon père étant mort le 30 feptem-
bre 1734, il fe livra aux occupations du
cabinet, & fuccéda aux confeils que fon
père avait eus. Il avait travaillé pendant
long-tems dans fa jeuneffe à compofer
une *hifloire de la jurifprudence romaine*,
fuivie d'un recueil des contrats, teftamens,
& autres actes qui nous reftent des anciens Romains : il publia cet ouvrage en
un volume *in-folio* en l'année 1750, par
les ordres de M. le chancelier Dagueffeau,
auquel il eft dédié. Le *journal de Verdun*
du mois de décembre de la même année;
le *journal de Trévoux* des mois de mars,
août & novembre 1751 ; le *journal des
fçavans* des mois de mars, avril, novembre 1751, & mars 1752, contien-
nent des extraits très-étendus & très-ho-
norables de cet ouvrage, dont il eft auffi

parlé avec éloge dans le *mémoire historique
sur le collège roial* , donné par M. l'abbé
Goujet en un volume *in-* 4° en l'année
1758 : cet historien du collège roial , en
parlant de l'histoire de la jurisprudence
romaine de M. Terrasson, dit , que *cet ouvrage dans lequel il y a beaucoup de recherches utiles , est très-estimé , & mérite de l'être.*

On peut observer ici , que ce sça-
vant jurisconsulte est auteur d'une dis-
sertation historique sur la vielle ; avec
une digression sur l'histoire de la musique
ancienne & moderne ; imprimée anony-
mement à Paris , chez Lamesle , 1741.
Ouvrage rempli de recherches curieuses
sur cet instrument , dont l'amusement
était alors fort à la mode parmi le beau-
monde , & qui occasionna même entre
les amateurs & les artistes luthiers plusieurs écrits tendant à le perfectionner.
Il s'en faisait un délassement, successi-
vement avec la flûte-traversière & la mu-
sette, dans le tems même qu'il travaillait
à son magnifique ouvrage de la jurispru-

dence. On sçait qu'il l'avait entrepris très-jeune, & que de l'avis de son illustre père, M. Terrasson l'a gardé plus de vingt ans sans le mettre au jour.

L'abbé Goujet nous apprend ensuite que M. Terrasson a aussi composé un *discours sur les progrès & l'état de la jurisprudence sous le règne de Louis XIV*, lequel discours M. l'abbé Lambert a inséré dans son histoire littéraire de la France sous le règne de ce monarque.

M. Terrasson a été nommé censeur roial en l'année 1750. Feu M. le prince de Dombes lui donna, au mois de juillet 1752, une charge de conseiller au conseil-souverain de sa principauté. Il a été fait avocat du clergé de France au mois d'août 1753. Il a été nommé par le roi, au mois d'avril 1754, à une chaire de lecteur & professeur au collège roial de France ; & dans le préambule des provisions, dont le roi l'honora à cet effet, on remarque une distinction dont jusqu'alors on n'avait point vû d'exemple dans les provisions données aux profeſſeurs roiaux : ſa majeſté en parlant d'Antoine Terraſſon , s'exprime ainſi : *Diſtingué par des talens recommandables , & qui ſont comme héréditaires dans ſa famille , il a fait voir juſqu'ici qu'il réuniſſait à l'application la plus aſſidue , les qualités qui caractériſent le ſujet fidèle & le citoien vertueux : & ſi les productions qu'il a publiées de ſon ſçavoir lui ont mérité l'eſtime générale , nous les regardons comme un garant aſſuré du ſuccès avec lequel il s'acquittera des fonctions que nous lui deſtinons. A ces cauſes , &c.*

M. Terraſſon a épouſé le 23 octobre 1759, Anne-Marie-Eliſabeth de Sahuguet de Termes, fille du marquis de Termes, capitaine de dragons, & de dame Eliſabeth-Rénée Berryer, ſœur de M. Berryer, miniſtre & ſecrétaire d'état de la marine.

M. du Tour, chancelier de la ſouveraineté de Dombes, étant mort vers la fin de la même année 1759, & aiant laiſſé un fils qui n'était pas encore en âge de le remplacer dans cette charge ;

M. le comte d'Eu, prince souverain de Dombes, a nommé M. Terrasson, par lettres du 3 janvier 1760, enregistrées au parlement de Trévoux le 14 du même mois, pour exercer les fonctions de chancelier de Dombes, & il les exerce actuellement.

Les armes de la famille de Terrasson, sont : d'azur à trois croissans d'argent adossés & entrelassés, accompagnés de trois étoiles d'or, deux en chef & une en pointe.

Quelques personnes nous ont assuré que ces armoiries (bien authentiques, ainsi que nous l'avons fait voir) sont sculptées en pierre dans un endroit d'une très-ancienne maison de Lyon, nommée la *maison de la cour de Rome*, appartenant encore à préfent à une demoifelle Ter-raffon ; laquelle maifon pourrait bien être celle où le projet de la conjuration d'Amboife fut formé au mois de janvier 1560.

On croit devoir ajoûter à ce mémoire : qu'il y a à Angoulème des gentilshommes d'ancienne extraction, connus fous le nom de MM. *de-Terraffon.* Ils portent auffi d'azur à trois étoiles d'or, deux en chef, une en pointe ; ils ont feulement changé les trois croiffans de l'écu des Terraffon de la ville de Lyon. Ou plutôt ceux-ci, cadets de la famille établie à Angoulème, auront adopté les croiffans pour brifure. La brifure, ou même le changement d'une pièce des armoiries, eft d'un ufage affez ordinaire dans les familles & les maifons, pour en diftinguer les branches.

Le *de* qui précède le nom propre, ou qui en eft fupprimé, paraîtrait encore avoir la même origine que la diftinction qui s'eft faite entre les aînés & les cadets de cette famille, par ce léger changement dans le blazon de leur écu commun.